Monic Seidensticker

flow-motions

Poi-Swinging

Einführung – Figuren – Variationen

ISBN 3-00-009536-5
1. Auflage 2002

Monic Seidensticker
flow-motions
Poi-Swinging, Einführung - Figuren - Variationen
©2002 by Monic Seidensticker
Satz und Layout: Pappnase & Co., Hamburg
Druck: Druckerei Zollenspieker, Hamburg
Fotos (Titel): Henning Retzlaff, Hamburg

Alle Rechte, insbesondere das Recht der Vervielfältigung und Verbreitung sowie das Recht der Übersetzung, vorbehalten. Kein Teil des Werkes darf in irgendeiner Form - durch Fotokopie, Mikrofilm oder ein anderes Verfahren - ohne schriftliche Genehmigung der Autorin reproduziert oder unter Verwendung elektronischer Systeme verarbeitet, gespeichert, vervielfältigt oder verbreitet werden.

www.flow-motions.net

INHALT

Inhalt 5
Einleitung 6
   Geschichte des Poi-Dance 6
   Poi-Dance = flow-motions .8
Der Poi 9
Anleitung 10
   1. Parallel-Swing 12
   2. One-By-One-Swing 13
   3. Cross-Over 14
   4. Lemniskate (rechts + links) 18
   5. Butterfly 20
   6. Backwards 23
   7. Flow 26
   8. High-Circle 31
   9. Outwards-Turn 35
   10. Outwards-On-The-Top 39
   11. Flip-Flap 44
VARIATIONEN 48
   Outwards-Turn 48
   Flip-Flap 52
SPECIALS: 53
   High-Circle / Big Circle 53
   Lemniskate rechts-In Front-Lemniskate Backwards und zurück... 57
ÜBERGÄNGE 65
   Von der Lemniskate-Forwards zum Outwards-Turn 65
   oder zum Flip-Flap 65
   Von der Lemniskate-Forwards zum High-Circle 66
   Vom High-Circle zur Lemniskate backwards 68
Namen der Figuren 70
Schlusswort 72

EINLEITUNG

Geschichte des Poi-Dance

Den Überlieferungen zufolge liegt der Ursprung des Poi-Dance in Neuseeland. Dort waren schon vor langer Zeit die Pois bzw. der Poi-Dance Bestandteil ritueller Tänze des Maori-Stammes. Die Pois sind hier das Symbol ihres friedvollen Weges. Darüber hinaus wurde der Poi-Dance auch dazu genutzt, die Flexibilität und Koordination der Frauen und Männer zu fördern.

Das Wort "Poi" stammt von den Maori und bedeutet "Ball". Der "Ball" wurde an einem Band befestigt und dieses Band wurde am anderen Ende in der Hand gehalten. Die "Bälle", für jede Hand einen, wurden dann an den Bändern geschwungen. Hierbei entstanden faszinierende Variationen des Schwingens und Kreisens und immer komplexere Bewegungsabläufe, die die Koordination in hohem Maße schulten und auch heute noch schulen. Es wurde vor, hinter, links neben, rechts neben und über dem Körper geschwungen, also überall, wo es nur irgendwie möglich ist.

Der Flug der Pois erfolgt häufig in Form der Nachzeichnung einer liegenden Acht, der Lemniskate, diesem alten und mächtigen Unendlichkeitssymbol.

Durch die Bewegungsabläufe, die sehr fließend und zugleich rhythmisch sind, ist auch Trance nachvollziehbar. Der Poi-Dance kann langsam und andächtig erfolgen, oder eben auch sehr schnell, mit erstaunlichen visuellen Effekten.

Inzwischen hat sich der Poi-Dance auf der ganzen Welt verbreitet und gewinnt immer mehr an Bekanntheit, und das nicht ohne Grund! Denn wer es einmal probiert hat, mag häufig gar nicht wieder aufhören! Der Poi-Dance wird auch Poi-Swinging oder Twirling genannt. Der Poi selbst hat sich im Laufe der Zeit weiterentwickelt, es gibt inzwischen eine Vielzahl unterschiedlichster Ausführungen und Bezeichnungen, so z.B. Flow-motion-Poi oder Kiwido. Anstatt der Bälle wird heute häufig ein Gewichtssäckchen verwendet, an dessen Ende nun oft Schweife verschiedenster Art befestigt sind. Diese verstärken den visuellen Effekt enorm, und wenn diese Schweife beispielsweise aus fluoreszierendem Material bestehen und damit im Schwarzlicht getanzt wird, ist dies einfach wunderschön...

Manchmal werden auch batteriebetriebene Leuchtbälle, sogenannte Glowballs, verwendet oder auch Feuerbälle, was dann wieder einen ganz eigenen Reiz hat, wunderschön aussieht und auch großen Spaß macht!

Foto: Kristina Mehlert

Poi-Dance = flow-motions

Der Poi-Dance ist eine wunderbare Mixtur aus Tanz, Spiel, Rhythmus, Koordination, Meditation, Muskeltraining, Trance, Integrationstraining, Performance und vieles mehr. Und vor allem, und das sollte an erster Stelle stehen, macht es riesigen Spaß! Dass hierbei, wie bereits erwähnt, dann auch noch erstaunliche, wunderschön anzuschauende Effekte entstehen, ist noch ein Punkt mehr.

Wer es einmal probiert hat, der weiß, was ich meine, wenn ich es flow-motions nenne, denn es ist ein Bewegungsfluss, der Harmonie und Kraft zugleich in sich birgt.

Beim Poi-Dance arbeiten permanent die linke und rechte Körperhälfte zusammen und dieses auf eine so spielerische Art und Weise, dass der positive Nebeneffekt des Tanzes oft gar nicht wahrgenommen wird. Doch wie oben bereits erwähnt, war gerade auch dies den Maoris wichtig und bedeutsam. Viele Figuren erfordern unterschiedliche Bewegungsabläufe der rechten und linken Körperhälfte und das dann häufig auch noch überkreuzt. Damit ist gemeint, dass z.B. der linke Arm auf der rechten Körperseite, also überkreuzt, eine andere Bewegung ausführt, als der rechte Arm auf der linken Körperseite. Das fördert die Koordination und Konzentration in hohem Maße. Beide Gehirnhälften werden u.a. dadurch gleichzeitig gefordert, dass die Bewegungen zum einen rhythmisch erfolgen, wofür die rechte Gehirnhälfte zuständig ist. Zum anderen wird die linke Gehirnhälfte beansprucht, die für serielle, logische Abläufe zuständig ist. Es kommt also zu einer Integration beider Gehirnhälften. Und durch diese Integration erfolgt auch Harmonie. Es ist daher nicht verwunderlich, dass viele Menschen, die einmal einen Poi-Dance gesehen haben, diesen gerne erlernen möchten, denn die Ausstrahlung dessen spricht in uns etwas an, das ebenfalls dieses erleben möchte. Insgesamt gibt es eine immense Fülle von verschiedenen Bewegungsfolgen, vieles wirst du im Laufe der Zeit durch experimentieren und spielen entdecken. Manches wird sich auch durch Fehler ergeben, probiere einfach aus und sei kreativ.

Lass es flowen!

DER POI

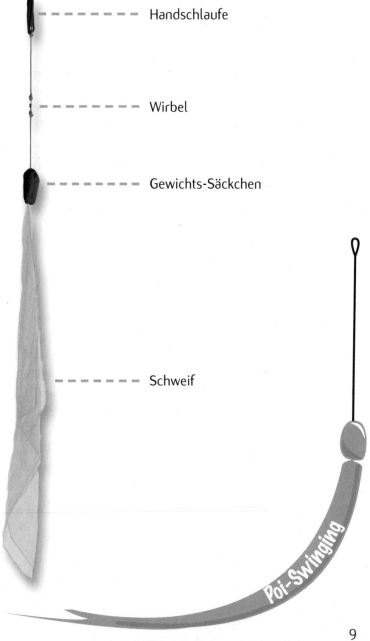

- Handschlaufe
- Wirbel
- Gewichts-Säckchen
- Schweif

Poi-Swinging

ANLEITUNG

Diese Anleitung ist so angelegt, dass eine Übung auf die nächste aufbaut. Es ist daher ratsam, wenn du dich entschieden hast, dieses Buch als Anleitung zu benutzen, es tatsächlich von vorne nach hinten durchzuspielen.

Zunächst einmal zur Handhaltung. Die Pois werden locker in der Hand gehalten, ein, zwei oder drei Finger werden in die Handschlaufe geführt. Halte sie so in der Hand, wie es sich am besten für dich anfühlt, hier hat jeder seinen eigenen Stil. Die Länge der Pois ist nach meiner Erfahrung optimal, wenn die Gewichtssäckchen (oder bei Feuerpois die Fackelbälle) bei seitlich hängenden Armen einen Abstand von ca. 20 cm zum Boden haben.

Hast du nun die Pois das erste Mal in der Hand, so spiele zunächst einfach ein bisschen damit herum. Lass sie kreisen, wie es dir gefällt, versuche ein wenig Gefühl dafür zu bekommen, wie sie fliegen, was passiert wenn ....? Probiere aus, wie die Fliehkraft wirkt.

Achte darauf, und dies werde ich noch häufiger erwähnen, dass deine Schultern entspannt hängen und nicht zu den Ohren hochgezogen sind und dass du locker in den Knien stehst. Setz die Füße ein Stück auseinander, so dass du einen sicheren, guten Stand hast und beobachte deine Atmung während des Poiirens. Häufig wird gerade von Anfängern der Atem vor Anspannung angehalten! Wenn möglich, höre dabei Musik, jedoch würde ich zu Beginn nicht zu schnelle Rhythmen empfehlen, denn am Anfang neigen viele dazu zu schnell zu kreisen, also zu schnell sein zu wollen. Denke daran: Schnell wirst du von ganz alleine! Zunächst einmal ist die Technik, das Verstehen und Erlernen der Bewegungsabfolgen wichtig. Von einem Walkman würde ich zunächst abraten, da man sich den leicht mit den Pois vom Kopf "wischt".

Wenn du nun mit den Übungen beginnst, versuche nicht ungeduldig zu sein, es sind ungewohnte Bewegungsabläufe, die erlernt werden wollen, und das braucht nun mal ein wenig Zeit. Bedenke dabei auch, dass deine nicht-dominante Hand, also bei Rechtshändern die linke, wesentlich mehr Übung benötigt und häufiger mal "aus dem Ruder" läuft. Sinnvoll ist es, einzelne Bewegungen immer wieder separat mit nur einer Hand zu üben. Wenn du merkst, dass du festhängst, also in einer Übung nicht weiterkommst, versuche zwischendurch eine andere Figur, z.B. eine die du schon kannst. Kehre dann wieder zu dem Problemchen zurück und starte erneut. Und wie gesagt, es ist hilfreich, die Bewegungen immer mal wieder mit nur einer Hand zu üben, um sie zu automatisieren. Und noch ein Tipp: Höre nicht frustriert oder verzweifelt mitten in einem Lernschritt auf. Versuche immer mit etwas, dass du schon kannst und was dir Freude bereitet, abzuschließen. So ist mit Sicherheit dein Gefühl hinterher und beim nächsten Start sehr viel besser. Es wäre schön, wenn der Poi-Dance vor allem der Spaß, die Freude an der Bewegung ist.

Einige möchten früher oder später den Tanz mit den Feuer-Pois, auch genannt Feuerketten, oder Fire-chains ausprobieren. Ich werde hier keine Anleitung geben, wie diese zu handhaben sind. Ich möchte dich bitten, diese erst zu benutzen, wenn du wirklich sicher in den Figuren bist. Mit dem Feuer zu tanzen ist faszinierend, doch ein gesunder Respekt davor sollte vorhanden sein! Wenn du es ausprobieren möchtest, lass dich am besten persönlich von jemandem einweisen, der bereits Erfahrung damit hat bzw. besuche einen der Workshops!

So und nun geht's los......!

1. Parallel-Swing

Halte die Handschlaufen der Pois locker in den Händen, stehe mit entspannten Schultern und leicht angewinkelten Unterarmen.

Starte mit einfachem Vorwärtskreisen links und rechts von dir. Die Handflächen zeigen nach innen. Schwinge die Pois gleichmäßig und rechts und links gleichzeitig. Achte darauf, dass die Pois parallel zu deinem Körper kreisen. Zu Beginn sind die geschwungenen Kreise manchmal mehr vor dem Körper als seitlich, die Pois sollen jedoch wirklich links und rechts seitlich neben dir fliegen. Als optische Hilfe kannst du links und rechts neben dir 2 Linien auf dem Boden markieren, z.B. mit Krepp-Klebeband. Diese Markierung wirst du evtl. auch noch in den folgenden Lernschritten verwenden. Lass nun die Schweife exakt entlang dieser Markierung fliegen, bis die Flugbahn gerade und sicher wird. Versuche, deine Handgelenke und deine Arme nicht zu verkrampfen. Es hilft auch, im Flugrhythmus der Pois in den Knien mitzuwippen! Halte deine Arme und auch Handgelenke möglichst ruhig, nutze die Fliehkraft aus, es ist kein Kraulschwimmen! Wenn du merkst, dass du "kraulst", minimiere die Bewegung der Arme, wie gesagt, nutze die Fliehkraft aus. Die Bewegung erfolgt auch nicht aus den Handgelenken, schone sie. (Abb. 1)

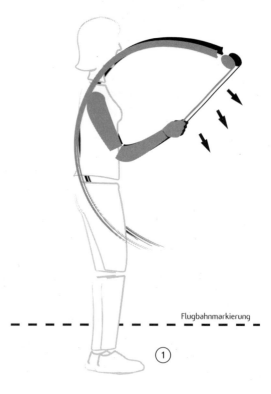

Flugbahnmarkierung

Flugbahnmarkierung

2. One-By-One-Swing

Beim Parallel-Swing hast du die Pois gleichzeitig links und rechts seitlich von dir kreisen lassen. Probiere jetzt sie in einem anderen Rhythmus zu schwingen. Nämlich so, dass ein Poi dem anderen folgt bzw. "verfolgt", also genau versetzt. Das bedeutet, dass jeweils einer "vorne" fliegt und einer "hinten". Du kannst dabei auch laut zählen, nach dem Motto: "Eins, zwei, eins, zwei...". (Abb. 2)

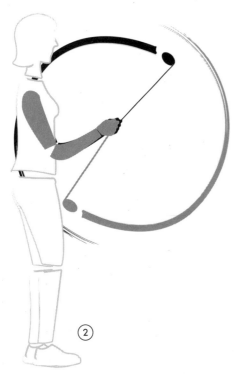

Halte dabei deine Oberarme dicht am Körper, entspanne deine Schultern und wie bereits erwähnt, achte darauf, dass du nicht anfängst zu "kraulen"! Also vermeide weitausholende Bewegungen mit den Armen, halte die Handgelenke locker und bewege sie so wenig wie möglich. Es sei noch einmal darauf hingewiesen, dass es darum geht, den Schwung (die Fliehkraft) auszunutzen.

Die Handflächen schauen hierbei ebenfalls nach innen und die Schlaufen sollten locker in den Händen bzw. zwischen den Fingern gleiten. Vermeide es, die Schlaufen mit den Daumen festzuhalten. Auch bei dieser Bewegungsabfolge ist es wichtig, dass das Kreisen der Schweife seitlich zu deinem Körper geschieht, die Pois also parallel zu dir fliegen. Die Linien am Boden aus der 1. Übung können dir dabei helfen, die geschwungenen "Circles" besser auszurichten.

Nun kannst du bereits innerhalb dieser Figur variieren, z.B. von kleinen zu großen Kreisen schwingen, indem du die Arme ausstreckst, ganz lang machst und wieder anwinkelst.

3. Cross-Over

Schwinge wie in der 1. Übung die Pois vorwärts. Sie fliegen gleichzeitig und seitlich links und rechts neben dir. Die Pois sollten im gleichmäßigen, ruhigen Rhythmus fliegen. Nun kreuze vor dem Körper die Arme in Brusthöhe, so dass der linke Poi auf der rechten Seite fliegt und der rechte auf der linken Seite. Bringe jeweils die Hände auf Schulterhöhe der anderen Seite. Es ist wie eine Selbst-Umarmung! Überkreuze zunächst den rechten Arm über den linken. (Abb. 4)

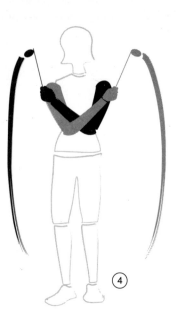

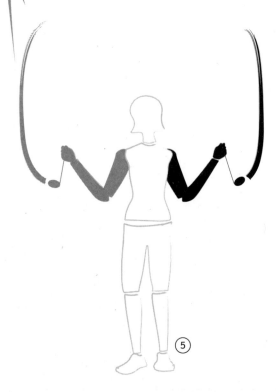

In dem Moment, in dem die Pois von hinten nach vorne in Kopfhöhe fliegen, werden die Arme wieder geöffnet und ein wenig nach hinten geführt. Du schwingst dann also wieder im Parallel-Swing. (Abb. 5)

⑥

Bei jedem Schwung der Pois nach hinten kreuzt du nun die Arme und beim Schwung nach vorne öffnest du sie wieder. Also kreuzen, öffnen, kreuzen, öffnen... (Abb. 6,7,8)

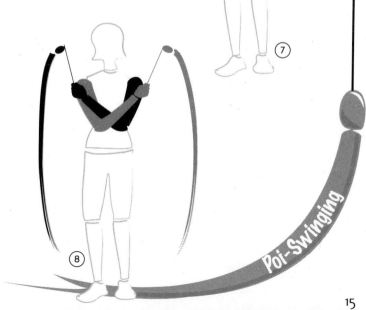

flow-motions

Es kann sein, dass dein Körper der Flugbahn der Pois öfter mal im Weg ist, also dass dich die Pois das eine oder andere Mal treffen! Evtl. ist dies ein Zeichen dafür, dass du die Arme jeweils nicht weit genug auf die gegenüberliegende Seite bringst. Auch ist es wichtig, die Hände jeweils wirklich bis auf Schulterhöhe der gegenüberliegenden Seite zu führen. Übertreibe am Anfang einfach ein bisschen, dann sollte es klappen! Im Laufe der Zeit werden deine Bewegungen immer feiner und ausgefeilter werden.

Du hast nun beim Kreuzen den rechten Arm über den linken gelegt, bist du darin sicher geworden, probiere es anders herum. Kreuze nun den linken Arm über den rechten. Also links überkreuzen, öffnen, links überkreuzen, öffnen. Übe auch dies ausgiebig, bis die Bewegung wirklich flüssig ist. Manchen fällt eine Seite leichter als die andere. Trainiere in dem Fall die schwächere Seite mehr. Diese Übung kannst du einzeln machen, also nur mit einem Poi. Wenn du z.B. bemerkst, dass dein linker Arm sich nicht so flüssig bewegt, wie der rechte, nimm nur den linken Poi, lege den rechten beiseite und übe separat diese Bewegung.

Bist du sicher in diesen Figuren, dann gehe dazu über, den Cross-Over bei jedem Schwung zu wechseln. Also links überkreuzen, öffnen, rechts überkreuzen, öffnen, links überkreuzen usw.

Kleiner Tipp, werde nicht hektisch und zu schnell! Übe langsam und konzentriert und achte darauf, dass du tatsächlich auch abwechselnd 1 x links und 1 x rechts überkreuzt. Zu Beginn kommt man dabei manchmal durcheinander. (Abb. 9,10,11,12)

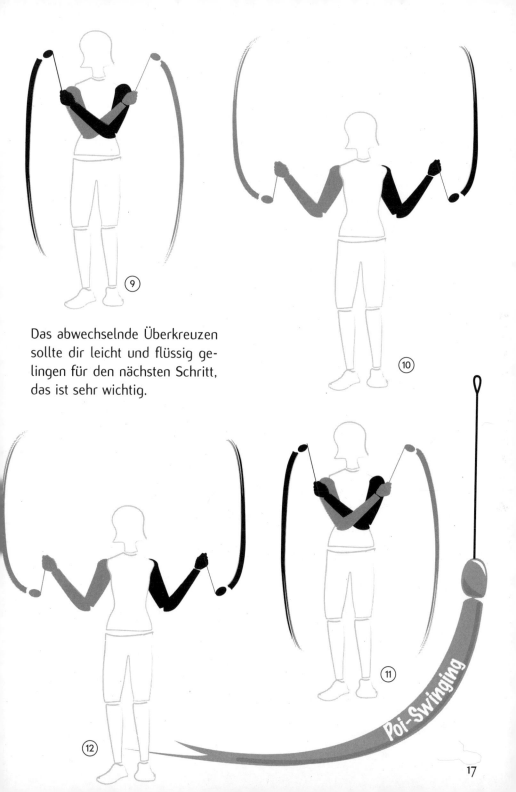

Das abwechselnde Überkreuzen sollte dir leicht und flüssig gelingen für den nächsten Schritt, das ist sehr wichtig.

4. Lemniskate (rechts + links)

Während der vorigen Bewegungsabfolge (Cross-Over) sind die Pois im gleichen Rhythmus parallel geflogen (wie auch beim Parallel-Swing in der ersten Übung). Jetzt geht es darum, diesen Flugrhythmus der Pois wieder zu verändern, wie in der 2. Übung (One-By-One-Swing). Starte also mit dem Cross-Over im parallelen Schwung. Beginne mit dem Überkreuzen des rechten Armes über den linken. Schwinge, indem du nur die rechte Seite überkreuzt - nicht abwechselnd. Nun ändere den Rhythmus dahingehend, dass die Pois nicht mehr parallel sondern versetzt fliegen, also einer dem anderen folgt. (Abb. 13)

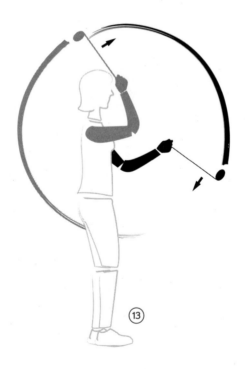

Ist dir die Lemniskate rechts gelungen und geht dir leicht von der Hand, dann beginne, dies auf der anderen, der linken Seite zu trainieren. Du startest nun wieder mit dem Cross-Over, es überkreuzt der linke Arm den rechten. Jetzt änderst du auch wieder den Rhythmus vom parallelen zum versetzten Schwung, so dass wieder ein Poi den anderen "verfolgt". Auch dies übe solange, bis die Bewegung flüssig und wie von selbst geschieht. Gib dir Zeit, sei nicht ungeduldig...!!! Spüre immer wieder mal in deinen Körper hinein, ob du entspannt und locker bei den Übungen bist, ob deine Schultern entspannt sind, deine Arme und Hände sich geschmeidig bewegen und du locker in den Knien stehst. Das ist nicht unerheblich für ein gutes und harmonisches Gelingen, denn wenn du verkrampft bist, werden dir die Übungen wesentlich schwerer fallen. (Abb. 14)

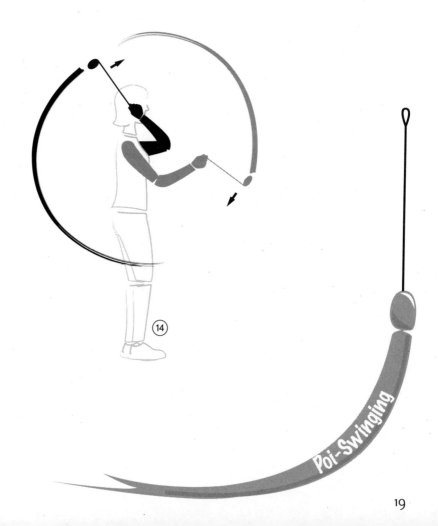

5. Butterfly

Diese Figur ist eine wunderschöne und fließende Bewegung, die einfach Spaß macht! Der Butterfly ist nicht so ganz einfach, aber bisher hat noch jeder ihn geschafft, nur Mut!!!

Also los geht's:

Der Butterfly ist die Kombination aus dem linken und rechten Überkreuzen der Lemniskate.

Starte wieder mit dem Cross-Over, und zwar mit ständig abwechselndem Überkreuzen des linken und rechten Armes.

Also: Paralleler Schwung, d.h. beide Pois fliegen im gleichen Rhythmus, dann links überkreuzen, öffnen, rechts überkreuzen, öffnen, links überkreuzen... Ändere nun wieder den Rhythmus dahingehend, dass die Pois versetzt fliegen, d.h. schwinge die Lemniskate, nur dass du jetzt bei jedem Schwung abwechselnd rechts und links überkreuzt. (Abb. 15,16)

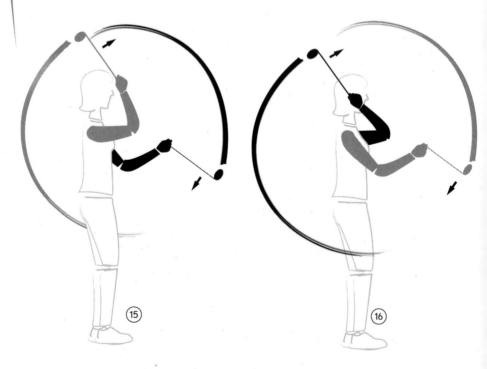

Es ist hilfreich, den gesamten Oberkörper in dem Moment zur linken Seite zu beugen, wenn z.B. der rechte Arm oben kreuzt und zur linken Seite hinübergeführt wird. Umgekehrt genauso: kreuzt der linke Arm über den rechten und wird zur rechten Körperseite geführt, beuge den Oberkörper zu dieser Seite. Führe diese Bewegung extrem übertrieben aus. Das sieht ein bisschen merkwürdig aus, hilft dir jedoch, den Rhythmus und das Gefühl für diese Flugvariation zu bekommen. Später wird das Seitwärtsbeugen von ganz allein immer weniger werden und dann überflüssig werden, doch zum Anfang hilft es.

So und nun kommt der Trick bei dieser ganzen Sache. Hast du den Rhythmus verändert, lässt einen Poi dem anderen folgen, und überkreuzt abwechselnd, wirst du bemerken, dass du plötzlich auf jeder Seite einen Kreis mehr schwingst! Die Flugbahn der Pois sieht dann so aus: (Abb. 17,18)

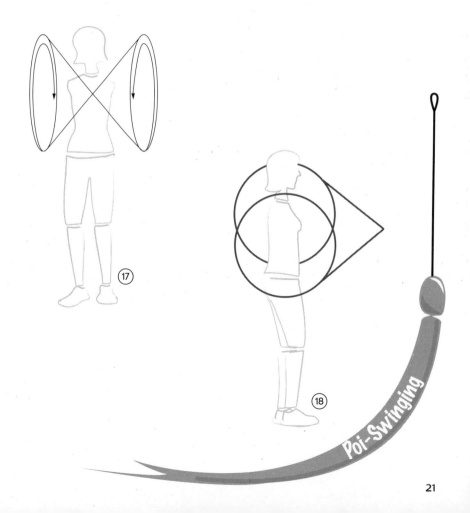

Du kannst hier zum Erlernen und zur Automatisierung der Bewegungsfolge eine Einzelübung machen, die sieht dann folgendermaßen aus: (Abb. 19)

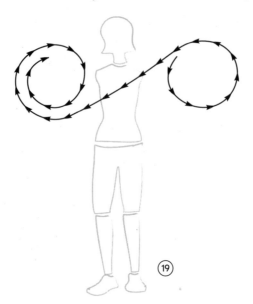

Nimm dafür nur einen Poi, z.B. den rechten und schwinge einen Kreis auf der rechten Seite und zwei auf der linken. Übe dies auch mit dem linken Poi. Schwinge dafür einen Kreis auf der linken Seite und zwei auf der rechten.

Wie gesagt, der Butterfly bedarf einiger Übung, er ist ein wenig "tricky". Aber gib nicht auf und probiere solange, bis du es geschafft hast. Kommst du durcheinander oder "steckst fest", dann beginne wieder von vorne mit dem Cross-Over, paralleler Schwung, abwechselnd links überkreuzen, rechts überkreuzen etc. und dann den Rhythmus vom parallelen zum versetzten Schwung ändern.

Häufig ist es so, dass plötzlich das sogenannte "Klick-Erlebnis" kommt und der Butterfly fließt. Dann hast du es geschafft! Ich drücke dir die Daumen.

6. Backwards

Jetzt kommt das Rückwärtsschwingen. Du kannst alle Bewegungen, die du bisher erlernt hast, auch in der rückwärtigen Flugrichtung ausführen. Dies solltest du auf jeden Fall lernen, da später die Kombinationen der einzelnen Bewegungen häufig das Rückwärtsschwingen erfordern.

Um dies zu lernen, startest du am besten wie in der 1. Übung mit dem Parallel-Swing, nur lässt du die Pois halt diesmal rückwärts kreisen. (Abb. 20)

Achte darauf, dass die Kreise auch hier wieder aufrecht und parallel zu deinem Körper fliegen. Du kannst hier wieder die Flugbahnmarkierung am Boden verwenden. Deine Oberarme befinden sich dicht am Körper, entspanne deine Schultern und lass die Bewegung locker erfolgen. Minimiere so weit wie möglich die Bewegungen der Arme und Handgelenke, lass die Fliehkraft wirken. Kreisen deine Pois gleichmäßig rückwärts, gehst du über zum One-By-One-Swing, so dass ein Poi dem anderen folgt. (Abb. 21)

flow-motions

Jetzt wechselst du in den Parallel-Swing und auch wieder zurück in den One-by-One-Swing, probierst ein bisschen hin und her, um das Gefühl für diese Flugrichtung zu bekommen. Gelingt es dir, all die Schwünge gerade und gleichmäßig auszuführen, dann wechsle in die Figur des Cross-Over.(Abb. 22)

Übe auch hier wieder zuerst das Überkreuzen des rechten Armes über den linken und danach das Überkreuzen des linken Armes über den rechten.(Abb. 23)

Klappt das, dann verändere beim Überkreuzen des rechten Armes über den linken den Rhythmus vom parallelen Schwung zum versetzten Schwung. Ein Poi "verfolgt" den anderen. Das ist nun die Lemniskate rechts backwards. (Abb. 24)

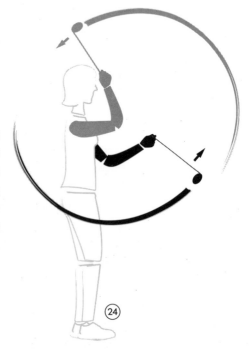

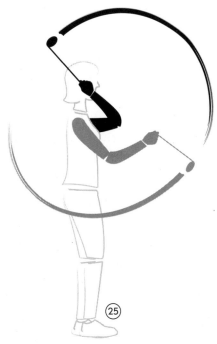

(25)

Jetzt das gleiche noch einmal beim Überkreuzen des linken Armes über den rechten. Verändere den Rhythmus vom parallelen zum versetzten Schwung... und dies ist die Figur Lemniskate links backwards.(Abb. 25)

Kombiniere dann die rechte und die linke Lemniskate zum Butterfly.

Auch hier kannst du mit nur einem Poi die gleichen Übungen für die Flugbahn machen, wie in der Lektion für den vorwärts geschwungenen Butterfly. Übe dies auf beiden Seiten ausgiebig und nimm dann beide Pois.

So, und nun hast du alle vorigen Bewegungen auch rückwärts geschwungen!!! Super. Das war der Backwards-Turn. Tätärätäää...

7. Flow

Jetzt kommt eine fortlaufende Bewegungsfolge, die zum besseren Verständnis in Einzelschritten erklärt wird.

Beim Flow (mmmh...der Flow ist ja sooo schön...) führst du deine Hände mit den Pois in bauchnabelhöhe vor dem Körper zusammen, so dass sie sich berühren. (Abb. 26)

Nun kreise die Pois vor dem Körper entgegen dem Uhrzeigersinn. Führe mit den Händen sozusagen einen waagerechten Kreis aus bzw. stell dir vor, du rührst mit einem Kochlöffel in einem großen Topf! Beug dabei ein wenig den Oberkörper vor.(Abb. 27)

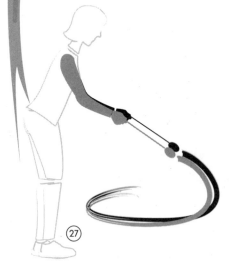

Schwinge jetzt einmal einen ganzen Kreis vor dem Körper (Abb. 27) hebe dann beide Arme bzw. Hände in Richtung der linken Schulter, (Abb. 28) richte den Oberkörper dabei auf.

Führe deine Hände weiter hinter deinen Kopf, also wirklich bis hinter deinem Hinterkopf. Dabei musst du dich ziemlich strecken, den Oberkörper ganz gerade machen, deine Unterarme in die Höhe und die Hände hinter deinen Hinterkopf bringen. (Abb. 29)

Nun bewege die Hände wieder über die rechte Schulter nach vorne. (Abb. 30,31)

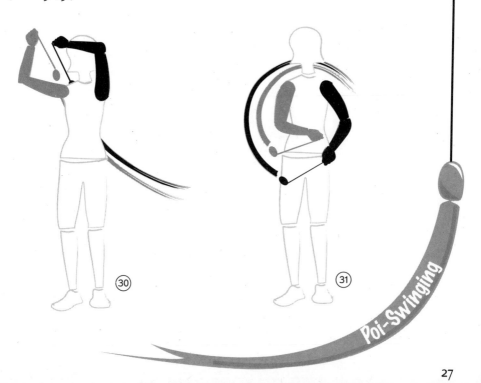

Streck die Arme und führe wieder einen vollständigen waagerechten Kreis vor dem Körper (mit den Händen in bauchnabelhöhe) aus. (Abb. 32)

Beginne nun wieder von vorne. Du beschreibst also mit deinen Händen und den Pois vor dem Körper einen vollständigen waagerechten Kreis, gehst dann über die linke Schulter nach hinten und über die rechte Schulter wieder nach vorne, führst wieder einen vollständigen waagerechten Kreis vorne aus usw...

Die Flugbahn sieht folgendermaßen aus: (Abb. 33)

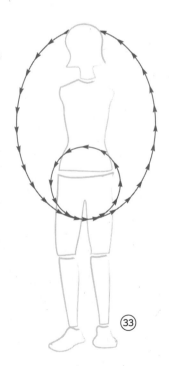

Versuch, bei dieser Bewegung den Flow zu spüren, den Tanz. Bleib locker und entspannt, geh mit dem ganzen Körper in die Bewegung hinein, beug dich nach vorne beim waagerechten Kreis vor dem Körper, richte dich vollständig auf, streck dich, wenn du die Pois hinter den Kopf führst und lass dein Becken mitkreisen. Versuch die "8" die du ausführst, zu fühlen und geschmeidig in die Bewegung umsetzen.

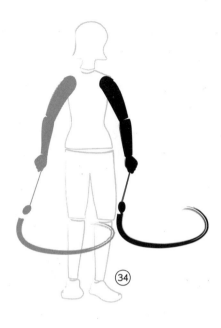
(34)

Nun gehe über zum nächsten Schritt. Bisher hast du die Hände zusammengehalten und die Pois flogen gemeinsam. Jetzt bringe deine Hände langsam Stück für Stück auseinander, während du die Bewegungsfolge ausführst. (Abb. 34)

Bring also Distanz zwischen deine Händen. Du fängst an, nicht mehr mit nur einem Kochlöffel in dem Topf vor dir zu rühren, sondern mit zwei! Und diesen Abstand zwischen deinen Händen vergrößerst du jetzt bei jedem Schwung ein bisschen mehr. Wie gesagt, vergrößere den Abstand langsam, wirklich nur Stück für Stück bei jedem Schwung.

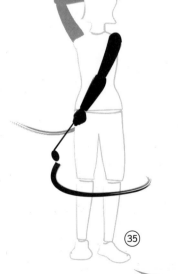
(35)

Dies machst du so lange, bis du in dem Rhythmus bist, dass, während eine Hand vorne den Kreis schwingt, die Suppe rührt, die andere in diesem Moment hinter deinem Kopf schwingt. Also im Grunde ist es jetzt wieder das Prinzip, dass ein Poi den anderen verfolgt. (Abb. 35)

flow-motions

Trainiere, bis dir diese Bewegung, dieser Flow, vertraut ist und du darin sicher bist, denn die Beherrschung dieser Bewegung ist Voraussetzung, für den nächsten Schritt.(Abb. 36)

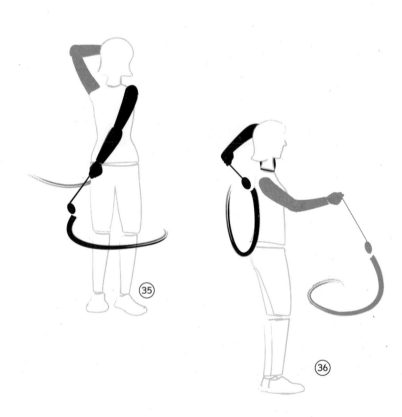

8. High-Circle

Beim High-Circle startest du mit dem letzten Schritt des Flow. Eine Hand führt vorne den waagerechten Kreis aus, die andere schwingt gleichzeitig den Poi hinter deinem Kopf. (Abb. 37)

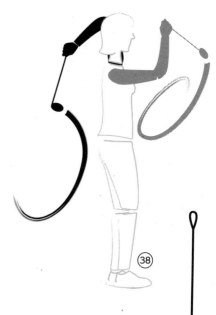

Nun führe, während du diese Bewegungsfolge - den Flow - tanzt, die Hand, die jeweils gerade vor dir den Poi schwingt, langsam bei jedem Schwung höher in Richtung Kopf. Beuge dich nicht mehr nach vorne, sondern richte dich auf. Der Poi, der jeweils hinter dem Kopf ist, wird geschwungen wie bisher.

Es geht darum, den Poi, der gerade vor dir kreist, langsam auf die gleiche Höhe zu bringen, wie den, der hinter deinem Kopf fliegt. Schau beim Schwingen auf die Hand, die sich gerade vor dir befindet. Bring diese langsam bei jedem Schwung höher in Richtung Stirn. Behalte die Hand, die gerade vor dir ist, im Auge. Das hilft! (Abb. 38)

Dabei richtet sich jetzt, wie von selbst, der waagerechte Kreis vor dir allmählich auf zur senkrechten Ebene. (Abb. 39)

31

flow-motions

Bring deine Arme bzw. Hände während des Schwingens so weit wie möglich nach oben, bis sie tatsächlich direkt oberhalb deines Kopfes sind. Auch die hintere Hand ist jetzt über deinem Kopf. Leg den Kopf in den Nacken, schau auf deine Hände und auch in den Himmel über dir (oder an die Zimmerdecke!). (Abb. 40 - 49)

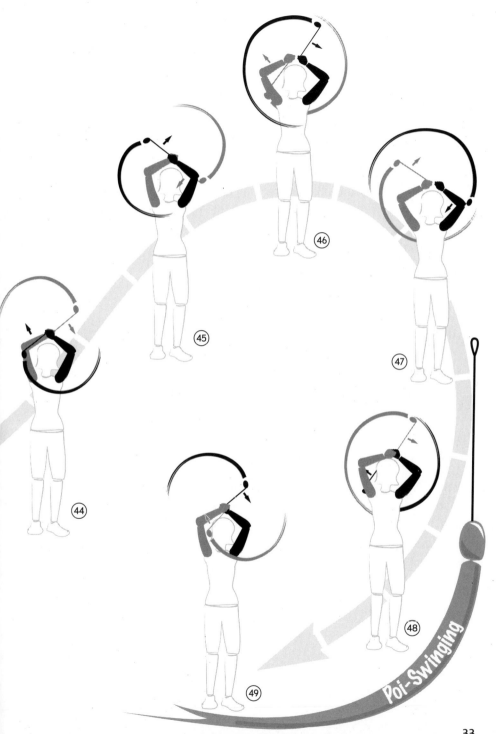

Die Flugbahn der Pois sieht jetzt so aus: (Abb. 50)

Du führst jetzt also einen Schwung vor und einen hinter deinem Kopf aus. Dies jeweils abwechselnd mit dem rechten und linken Poi. D.h. wenn der linke Poi vorne schwingt, ist gleichzeitig der rechte Poi hinten und umgekehrt. Der Wechsel von vorne nach hinten geschieht immer dann, wenn der Poi den höchsten Flugpunkt erreicht hat.

Einzeln betrachtet, beschreibst du mit jedem Poi wieder eine "8". Es ist hilfreich, diese Bewegung nur mit einem Poi zu üben. Nimm den Poi, streck den Unterarm in die Höhe, führe die Hand über deinen Kopf und schwinge einen Kreis hinter deinem Kopf und einen Kreis davor.

Denk daran, dass vor allem deine nicht-dominante Hand mehr Training benötigt als deine Haupthand.

Wenn du merkst, dass du durcheinander kommst, oder das ganze im Chaos endet, geh zurück zum Anfang dieser Lektion und starte wieder mit dem Flow. Das wird vielleicht einige Male geschehen. Hab ein wenig Geduld mit dir, die Bewegungen sind neu und ungewohnt, und alles braucht seine Zeit...

9. Outwards-Turn

Beim Outwards-Turn werden die Pois vor dem Körper mit der Flugrichtung nach "außen" geschwungen. Und zwar so, dass die geschwungenen Kreise senkrecht vor dir "stehen". (Abb. 51,52)

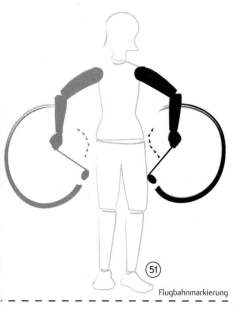

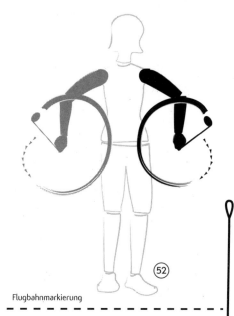

Flugbahnmarkierung

Schwinge also jeden Poi diesmal mit der Drehrichtung nach außen (nicht versetzt sondern gleichzeitig). Sie befinden sich also gleichzeitig oben bzw. unten. Schwinge sie gleichmäßig und gleichzeitig, indem du mit deinen Händen und leicht angewinkelten Unterarmen kleine Kreise beschreibst. Die Hände befinden sich dicht vor dem Körper in Höhe der Hüften. Achte darauf, dass die Kreise bzw. die Pois parallel zu dir und in der senkrechten Ebene fliegen. Zur Hilfe kannst du dir wieder eine Linie am Boden markieren, die dir die Flugbahn verdeutlicht, denn so sollte es nicht aussehen: (Abb. 53)

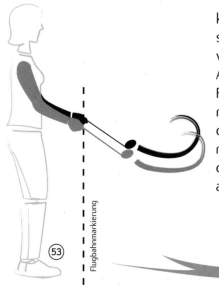

Flugbahnmarkierung

flow-motions

Es ist wichtig, dass die von dir geschwungenen Kreise tatsächlich in der senkrechten Ebene fliegen!(Abb. 54)

Nun verringere die Distanz zwischen deinen Händen, bringe sie so nah wie möglich zueinander. Die Pois fliegen dann sozusagen "ineinander" und bilden einen gemeinsamen Kreis. Halte dafür eine Hand, z.B. die rechte, ein klein wenig versetzt nach vorne. Diese überkreuzt dann auch gleichzeitig leicht die linke Hand. (Abb. 55)

54

Flugbahnmarkierung

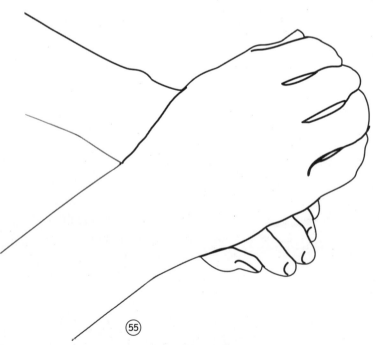

55

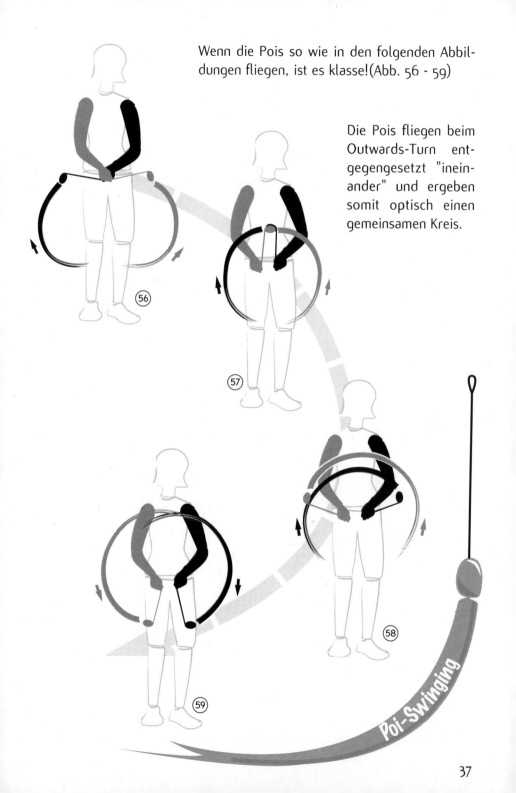

Wenn die Pois so wie in den folgenden Abbildungen fliegen, ist es klasse! (Abb. 56 - 59)

Die Pois fliegen beim Outwards-Turn entgegengesetzt "ineinander" und ergeben somit optisch einen gemeinsamen Kreis.

flow-motions

Foto: Sanatha

10. Outwards-On-The-Top

Nun geht es darum, dass du diese Figur, die du vor deinem Bauch beschrieben hast, auch in der Höhe, und zwar oben vor und hinter deinem Kopf ausführen kannst.

Dazu hebst du langsam deine Arme vor dem Körper, während du wie eben im letzten Schritt beim Outwards-Turn schwingst. Die rechte Hand überkreuzt die linke, die körpernah geführt wird. Die Hände bleiben so dicht wie möglich zusammen, die Unterarme weiterhin leicht angewinkelt. Du hebst also deine Arme langsam in die Höhe, und in dem Moment, in dem deine Hände oberhalb deiner Stirn sind (siehe Abb. 60), "ziehst" du sie ein Stück auseinander (siehe Abb. 61), bringst die Hände über den Kopf, schiebst dann sozusagen die Arme an den Ohren vorbei und lässt die Pois hinter dir - hinter deinem Rücken - "fallen" (siehe Abb. 62,63).

Lass sie einfach der Schwungrichtung folgen. Beim nächsten Schwung, genauer gesagt zum Schwungholen, wechselst du das Überkreuzen der Arme, der linke schiebt sich nun vor den rechten, wie auf Abbildung 65. (Abb. 60 - 71)

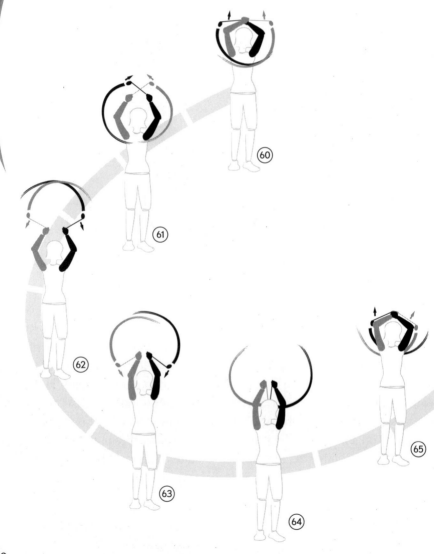

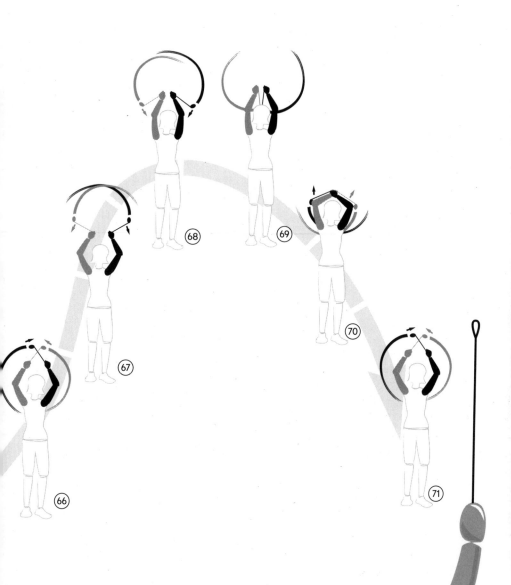

Möchtest du den Schwungkreis wieder vor dir haben, also vor deinen Körper holen, so ist das möglich, indem du die Unterarme nach dem Schwungholen wieder an den Ohren vorbeischiebst und die Pois vorne - vor dir - in Schwungrichtung "fallen" lässt.

Hört sich evtl. ein bisschen kompliziert an, ist aber gar nicht so!! Sieh dir am besten die Abbildungen genau an, dann wird es klarer. (Abb. 72 - 81)

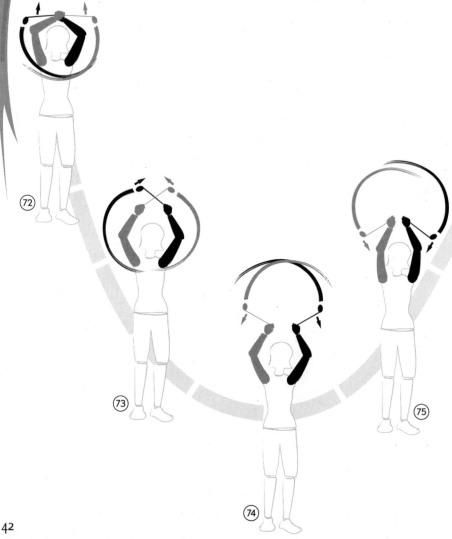

Es ist bei dieser Bewegungsfolge wichtig, den Pois die "Führung" zu überlassen, also der Flugrichtung der Pois zu folgen. Und du brauchst eigentlich "nur" vor dem Kopf in der gewohnten Weise den Schwung ausführen und die Arme kreuzen, dann die Arme öffnen, nach hinten führen und wieder kreuzen.

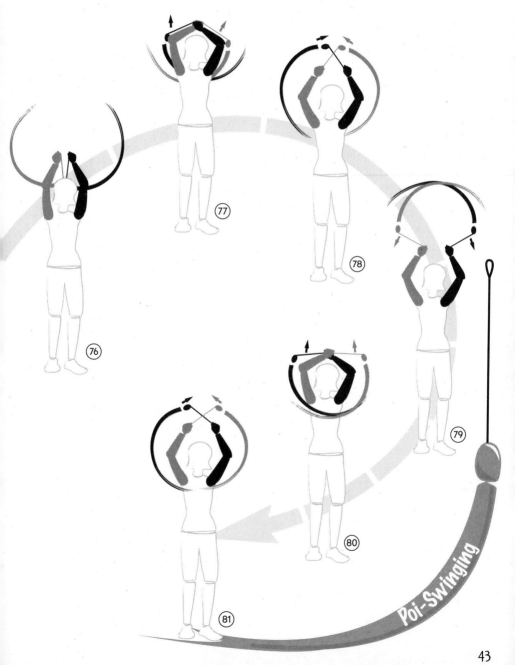

11. Flip-Flap

Das Schwingen der Pois beim Flip-Flap geschieht ebenfalls mit der auswärtigen Flugrichtung. Starte mit nur einem Poi. Markiere dir auch hier wieder die Flugbahnen auf dem Boden, wie in der Abbildung dargestellt (Abb. 82).

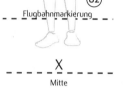

Lass deinen Arm, (der den Poi hält) locker seitlich neben dem Körper hängen, die Handinnenfläche schaut nach hinten. Den Arm leicht nach vorn gestreckt beginnst du auswärts zu schwingen, erst einen Kreis vor dir (wie beim Outwards-Turn), ausgerichtet entlang der Markierung. Dann führst du den Arm ein wenig nach hinten und schwingst einen Kreis in der gleichen Art und Weise, jedoch hinter dir. Die Handinnenfläche ist dabei die ganze Zeit nach hinten gerichtet. Dies fühlt sich zunächst etwas ungewohnt an, vor allem bei dem geschwungenen Kreis hinter dir. (Abb. 83, 84)

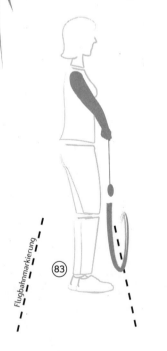

Probiere es aus, lass den Poi in seiner Flugrichtung fliegen und halte die Handinnenfläche nach hinten. Du lässt den Poi also 1 x vor deinen Beinen einen Kreis fliegen und dann 1 x hinter deinen Beinen. Dies ergibt wieder eine "8", die du schwingst.

Nun ist es wichtig, deine Hand zur Körpermitte zu führen, wenn du den Kreis vor dir schwingst. Wenn du den Kreis hinter dir schwingst, bringe sie ebenso hinter dir zur Körpermitte.

Dies bedeutet, wirklich so weit hinter deinen Rücken, dass sie sich in Höhe der Wirbelsäule befindet. Mitte vorne, Mitte hinten. Somit ist der geschwungene Kreis ebenfalls in deiner Körpermitte. Die Hand ist während des Schwingens ständig in Bewegung von der Mitte vor dir zur Mitte hinter dir. Der Wechsel von vorne nach hinten geschieht immer dann, wenn der Poi seinen höchsten Flugpunkt erreicht hat. Alles klar??? Mittig eben.

Die Flugbahn des Pois sieht jetzt so aus: (Abb. 85)

Trainiere dies jeweils mit nur einem Poi mit der linken und rechten Hand und bedenke dabei wieder, dass deine nicht-dominante Hand mehr Übung benötigt, als deine Haupthand.

So, und nun nimmst du beide Pois. Du startest mit beiden gleichzeitig, indem du mit einer Hand, z.B. der linken hinten beginnst und mit der rechten Hand vorne. Und bei jedem Schwung wechselst du nun jeweils von vorne nach hinten und umgekehrt. Es fliegt also immer gleichzeitig ein Poi vor deinen Beinen und ein Poi hinter deinen Beinen. (Abb. 86 - 88)

Die Bewegung der Arme ist ähnlich wie beim Gehen, sie pendeln seitlich neben dem Körper vor und zurück. Wobei jedoch die Hände jeweils zur Körpermitte geführt werden. So entsteht das Bild, dass die geschwungenen Kreise sich hinten und vorne "überdecken".

Dies waren nun einige Grundübungen des Poi-Swinging. Je sicherer du in den Übungen wirst, desto feiner, ausgefeilter und flüssiger werden deine Bewegungen. Poi-Dance erfordert ein bisschen Kondition, jedoch kaum Kraftaufwand. Wenn du bemerkst, dass du leicht außer Atem gerätst, bzw. die Bewegungen dich sehr anstrengen, bist du vielleicht noch zu verkrampft und wendest zuviel Kraft auf. Also immer wieder tief durchatmen und versuchen, locker zu bleiben!

Es ist auch bedeutsam, die Bewegungen der Arme, wie schon häufiger erwähnt, immer weiter zu minimieren und wirklich die Flugkraft der Pois in größtem Maße auszunutzen. Nach und nach solltest du auch darauf achten, die Handgelenke und Unterarme z.B. bei den Lemniskaten, immer dichter zusammenzuführen. Je weniger Abstand sich zwischen diesen befindet, desto exakter werden die Figuren aussehen. Im folgenden Kapitel werden jetzt Variationen der vorangegangenen Grundübungen erklärt. Viel Spaß beim Ausprobieren!

VARIATIONEN

Outwards-Turn

Du kannst aus dieser Figur diverse Variationen ableiten. Streck z.B. die Arme und schwinge zwischendurch einen großen Kreis und dann wieder kleine Kreise. Dies funktioniert so, dass du in dem Moment, in dem die rechte Hand über der linken ist, die Arme in die Länge streckst und einen weiten großen Kreis ausführst.

Dabei musst du zwangsläufig die gekreuzten Arme nach oben führen. Diese sind dann vor deinem Gesicht. Du vollendest den großen Kreis und gehst dann, wenn du möchtest, wieder in den kleinen Outwards-Turn zurück. (Abb. 90 -95)

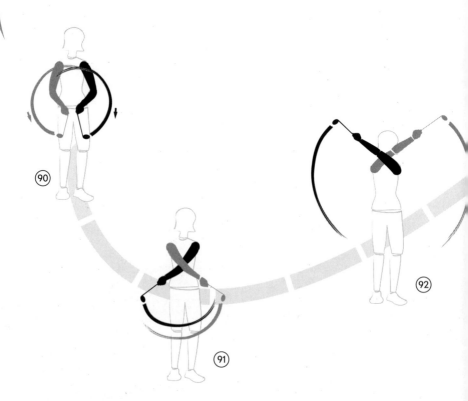

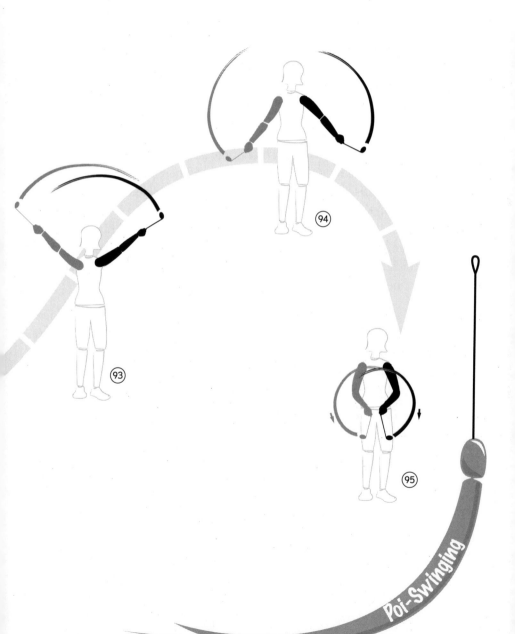

flow-motions

Eine weitere Möglichkeit ist die folgende Variante, die übrigens auch ein gutes Koordinationstraining ist und zu Beginn evtl. einiger Konzentration bedarf. Sie ist nicht schwierig, sondern fühlt sich vielleicht nur etwas ungewohnt an. Auf jeden Fall macht sie Spaß!

Du schwingst wie in der gerade beschriebenen Variante im Outwards-Turn einen großen Kreis mit gestreckten Armen vor deinem Körper. In dem Moment, in dem beide Arme nach oben gestreckt sind (siehe Abb. 96), drehst du dich rasch um 90° nach rechts, also eine Vierteldrehung, und schwingst weiter in dieser Flugrichtung mit gestreckten Armen (siehe Abb. 97, 98), bis diese beide gestreckt nach unten zeigen (Abb. 99). Nun drehst du dich wieder rasch um 90° nach rechts und schwingst mit gestreckten Armen vor dem Körper einen ganzen großen Kreis. In dem Moment, in dem die Arme gestreckt nach unten zeigen, drehst du dich noch einmal rasch um 90° nach rechts und schwingst die Pois weiter, bis sie sich wieder oberhalb deines Kopfes befinden. Das ist der Zeitpunkt, an dem du dich noch einmal schnell um 90° nach rechts drehst. (Abb. 96 - 105)

Du drehst dich in dieser Bewegungsfolge um 360°, also einmal "ganz herum" und schwingst die Pois währenddessen in der Flugrichtung weiter. Es ist hilfreich, diese Bewegung zunächst einmal ganz ohne Pois langsam auszuprobieren. Später kannst du den Bewegungsablauf, die Drehungen, schneller ausführen, was dann wohl auch ganz von selbst kommen wird...

Mit dem Outwards-Turn lassen sich noch andere Möglichkeiten entdecken, probiere einfach ein bisschen herum!

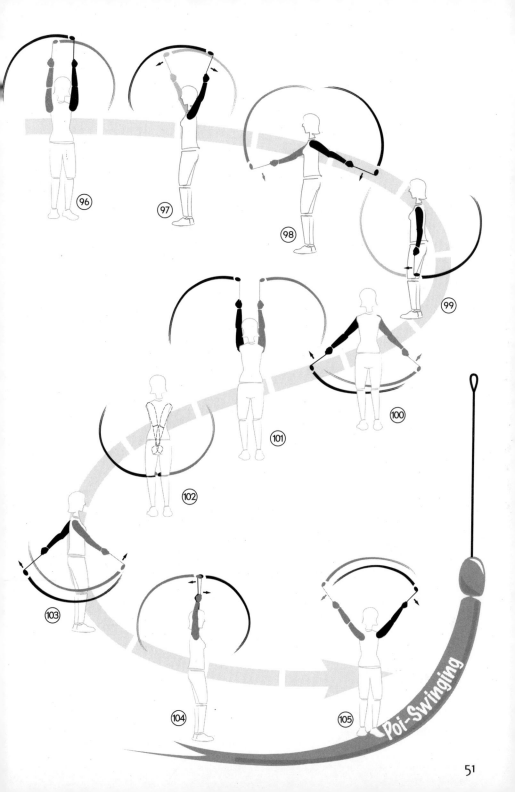

Poi-Swinging

51

Flip-Flap

Beim Flip-Flap hast du beispielsweise die Möglichkeit, die Kreise vor und hinter dir, doppelt zu schwingen. Das heißt, du wechselst dann nicht bei jedem Schwung von vorne nach hinten, sondern führst mit dem Poi vor dir zwei Kreise aus und mit dem Poi, der hinter dir ist, ebenso zwei. Du kannst auch jeweils drei Schwünge oder so viele du möchtest ausführen! (Abb. 106)

"Doppelter Schwung"

Auch mit dieser Figur lassen sich ziemlich viele Variationen erfinden. Z.B. lässt du den linken Poi vor und hinter deinen Beinen kreisen. Der rechte Poi wandert dabei, im Rhythmus vor und hinter dir schwingend langsam nach oben in Richtung Kopf. (Abb. 107)

Auch dabei kannst du zwischendurch wieder doppelte Schwünge ausführen. Wie gesagt, auch hier lassen sich viele Variationen entdecken...

SPECIALS:

High-Circle / Big Circle

Wenn du die Pois im High-Circle kreisen lässt, streckst du, wenn die rechte Hand vorne die linke überkreuzt, den rechten Arm aus. Du machst den Arm ganz lang und führst ihn dicht vor dem Körper entlang, führst somit langgestreckt einen großen Kreis (Big-Circle) aus. Du führst ihn auf deiner linken Seite ausgestreckt entlang. Schau dir am besten die Abbildung an, dann wird es deutlich. (Abb. 108, 109)

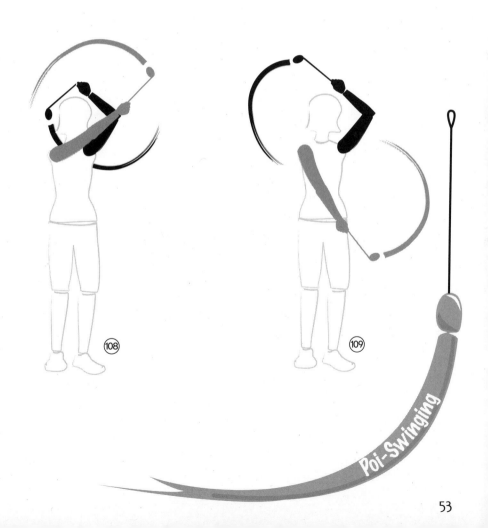

flow-motions

Der linke Arm folgt ihm, indem du auch ihn ausstreckst, allerdings seitlich und genau versetzt zum rechten. Auch mit dem linken Arm führst du einen großen Kreis dicht vor deinem Körper aus. (Abb. 110,111)

Der rechte Poi wird dann, wenn er sich wieder oberhalb des Kopfes befindet, gleich hinter dem Kopf weiter geschwungen (der rechte Unterarm wird wieder angewinkelt) und wieder vor dir in Kopfhöhe geführt. (Abb. 112)

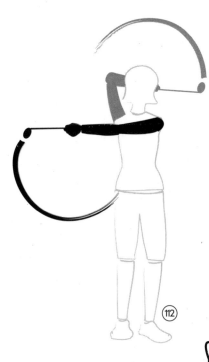

Wenn der rechte sich wieder oben vor dir befindet, müsste der linke Poi auch wieder oben angekommen sein (Abb. 113) (hoffentlich, sonst suche ihn!).

Er wird ebenfalls gleich hinten weiter geschwungen (der linke Unterarm wird auch wieder angewinkelt), (Abb. 114). Nun schwingst du wieder im High-Circle.

Im Grunde ist es so, dass der kleine Kreis, den du während des High-Circle jeweils vor dem Kopf schwingst, jetzt beim Big-Circle als großer Kreis vor deinem Körper ausgeführt wird.

Am Anfang könnte die Schwierigkeit darin bestehen, den richtigen Moment abzupassen, in dem man die Arme ausstrecken, lang machen und vor sich her führen muss. Beginne langsam im High-Circle zu schwingen. Wenn der rechte Poi vorne zu kreisen beginnt, also von hinten nach vorne wechselt, streck rasch den rechten Arm. Wenn der linke Arm dann den Wechsel von hinten nach vorne vollzieht, streck auch diesen.

Lemniskate rechts-In Front-Lemniskate Backwards und zurück...

Nun kommt die Kombination der Lemniskaten vorwärts und rückwärts!

Zum besseren Verständnis und zum Erkennen der Grundfigur ist es hilfreich, den Ablauf einzeln nur mit einem Poi durchzuspielen. Die Flugbahn wird auf Abbildung 115 verdeutlicht.

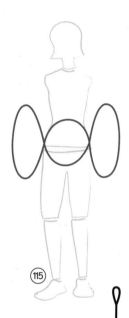

Das einzelne Durchspielen läuft folgendermaßen:

Du nimmst den rechten Poi und schwingst einen Kreis auf der linken Seite, so dass der Poi links hinter dir kreist. Dafür drehst du den Oberkörper 90° nach links, also eine Vierteldrehung, deine Fußspitzen zeigen weiterhin nach vorne. (Abb. 116)

flow-motions

Nun fliegt der Poi also von deinem Oberkörper aus gesehen, links neben dir. Von deinen Fußspitzen aus gesehen, fliegt er hinter dir. Du schwingst also einen Kreis "hinter" dir und in dem Moment, in dem der Poi den höchsten Flugpunkt erreicht hat, drehst du den Oberkörper wieder nach vorne (also 90° nach rechts), wie auf Abbildung 117. Du führst dann mit dem Poi einen vollständigen Kreis vor dir aus. (Abb. 118 - 120)

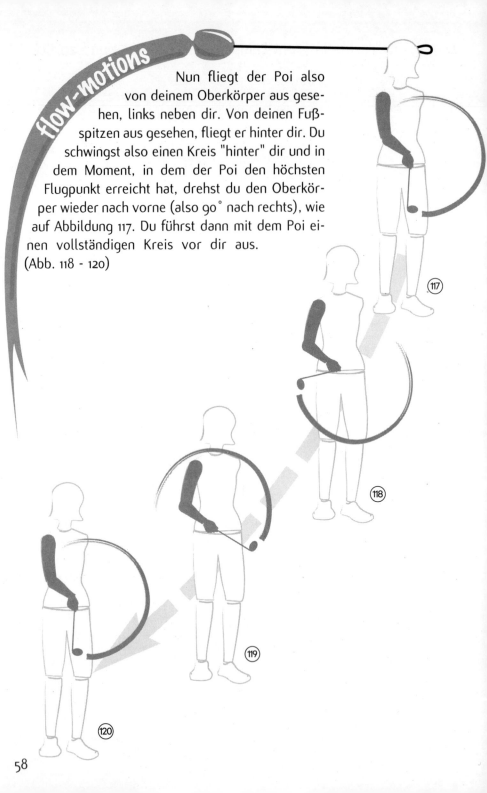

Wenn der Poi den untersten Punkt erreicht hat, drehst du den Oberkörper um 90° nach rechts und schwingst einen Kreis "hinter" dir (von den Fußspitzen aus gesehen). (Abb. 121, 122)

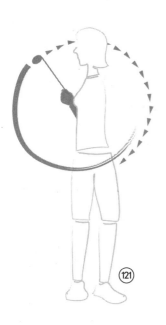

Und nun schwingst du das Ganze wieder zurück. Du drehst also, nachdem du den Kreis rechts hinter dir geschwungen hast, den Oberkörper wieder nach vorne, führst einen vollständigen Kreis vor dir aus, drehst dich wieder eine Vierteldrehung nach links, schwingst dort wieder "hinter" dir, dann drehst du dich mit dem Oberkörper wieder nach vorne, schwingst dort wieder einen Kreis.... usw. Der komplette Bewegungsablauf ist auf den folgenden Seiten abgebildet. (Abb. 123 - 137)

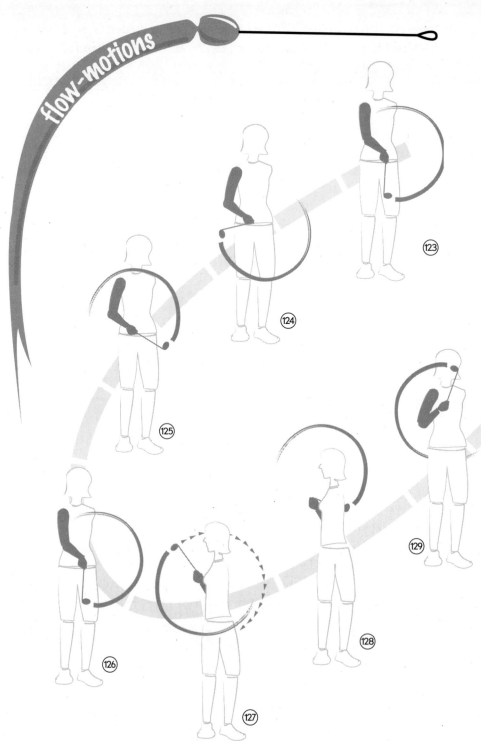

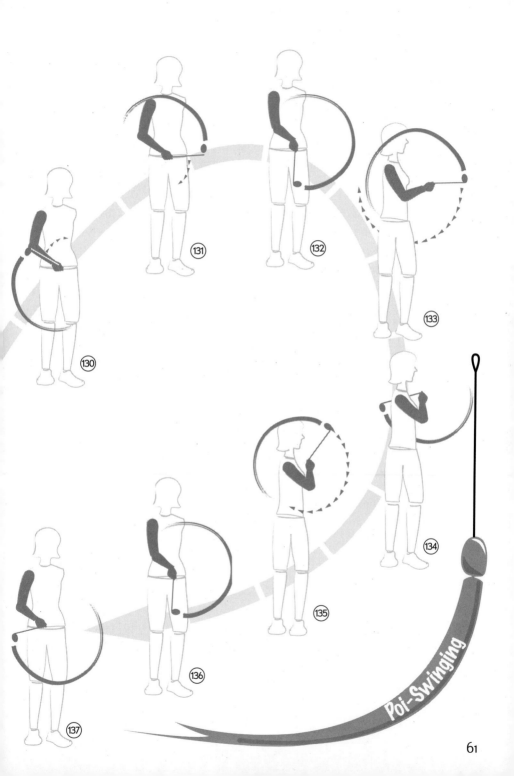

Das war der Bewegungsablauf im einzelnen, mit einem Poi. Dies probiere auch ausgiebig mit dem anderen Poi. Zum Üben, oder auch als einzelne Figur, kannst du diese Bewegung mit beiden Pois im parallelen Schwung ausführen. Leg dafür beide Hände zusammen, so dass sie sich berühren und schwinge die Figur im parallelen Rhythmus.

Ist dir diese Bewegung, der Ablauf dieser Flugbahn der Pois geläufig, beginne mit beiden Pois mit der Lemniskate vorwärts, die linke Hand überkreuzt dabei die rechte. Du schwingst die Lemniskate jedoch nicht so, dass die Pois links und rechts neben dir fliegen, sondern du drehst deinen Oberkörper wieder 90° nach links, die Fußspitzen zeigen nach vorne. Die Pois fliegen somit "vor" und "hinter" dir. Der linke Poi leitet nun den Kreis, der vor deinen Fußspitzen geschwungen wird, in dem Moment ein, wenn die linke Hand über der rechten ist. Du drehst genau dann den Oberkörper wieder nach vorne, und der rechte Poi folgt dem linken. Nun muss, während des Kreises vor dir, die rechte Hand die linke überkreuzen. Doch in diesem Moment ist der linke Poi eigentlich schon wieder links hinter dir! Das bedeutet, dass du beim Kreuzen schon gleichzeitig deinen Oberkörper nach links drehst und dann der rechte Poi folgt. Nun bist du nämlich schon wieder auf der linken Seite und schwingst dort jetzt die Lemniskate im Rückwärtsgang "hinter" dir. Die linke Hand überkreuzt die rechte. (Abb. 138 - 142)

Also der Kreis, den du vor dir schwingst, ist nur der Übergang vom Vorwärtsschwingen zum Rückwärtsschwingen.

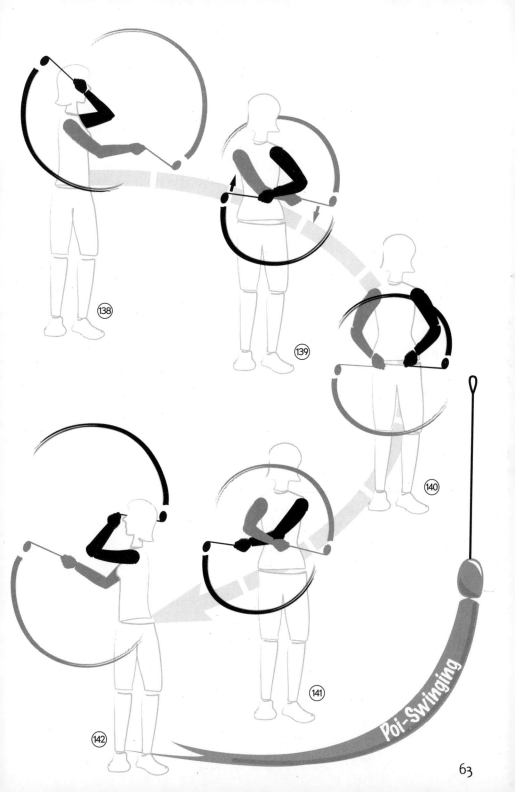

So, und nun das ganze wieder zurück. Du bist also in der Lemniskate backwards, links überkreuzt rechts, und der linke Poi leitet den "Übergangskreis", der vor deinen Fußspitzen geschwungen wird, ein. Du drehst dann wieder gleichzeitig den Oberkörper und der rechte Poi folgt dem linken, schwingst den Kreis vor dir, die rechte Hand überkreuzt dabei die linke, und führst sofort den linken Poi mit der Drehung des Oberkörpers links "hinter" dir.

Übe zwischendurch nochmals die Bewegung separat, bzw. parallel mit beiden Pois, wie am Anfang dieser Kombination beschrieben, denn das ist ja die Grundfigur.

Insgesamt ist diese Kombination ein ziemlich schnell ineinander übergehender, fließender Bewegungsablauf. Denn während ein Poi noch "hinter" dir fliegt, ist der andere sozusagen schon in der Flugbahn des Kreises vor dir. Du musst also schnell und beweglich mit deinen Armen und deinen Drehungen im Oberkörper sein. Dass du mit den Beinen jetzt so statisch stehst, dient nur der Übungserleichterung, später kannst du selbstverständlich auch den gesamten Körper mitdrehen und wirbeln und tanzen...

ÜBERGÄNGE

Nun werden noch ein paar Übergänge, d.h. das Wechseln von einer Figur in eine andere erklärt. Es sind lediglich Vorschläge, auch hier gibt es noch diverse unterschiedliche Möglichkeiten, die auch noch von dir ausprobiert werden wollen!

Von der Lemniskate-Forwards zum Outwards-Turn oder zum Flip-Flap

Du hast beispielsweise die Lemniskate vorwärts geschwungen und möchtest nun in eine andere Figur wechseln. Dafür schwingst du dann wieder den Parallel-Swing und kannst von diesem aus z.B. in den Outwards-Turn wechseln oder auch in den Flip-Flap. Dies ist ohne weitere Schwierigkeit möglich. Schwinge nicht zu schnell, mach es einfach, viel beachten musst du dabei nicht. Führe die Pois dorthin, wo du sie haben möchtest! Um vom Parallel-Swing in den Outwards-Turn zu kommen, führst du beide Hände vor den Körper in bauchnabelhöhe und schwingst weiter. Beim Flip-Flap führst du eine Hand hinter deinen Rücken und gleichzeitig die andere vor deinen Bauch.

Und so einfach kannst du auch wieder zurück in den Parallel-Swing wechseln.

Von der Lemniskate-Forwards zum High-Circle

Wenn du die Lemniskate-forwards schwingst und in den High-Circle wechseln möchtest, ist das folgendermaßen möglich:

Du schwingst die Lemniskate-forwards, die rechte Hand überkreuzt die linke. Führe die Pois in der Lemniskate für den Übergang wieder so, dass du sie von deinen Fußspitzen aus gesehen, vor und hinter dir schwingst, also mit einer Vierteldrehung des Oberkörpers nach links, wie in dem Abschnitt Specials beschrieben. Wenn du die Überkreuzung öffnest, also die Hände während der Lemniskate kurzzeitig nebeneinander sind, drehst du den Oberkörper wieder nach vorne (Vierteldrehung nach rechts). Nun führst den rechten Arm fast gestreckt nach unten. Entgegen dem Uhrzeigersinn beschreibst du mit diesem Arm einen großen Halbkreis (siehe (Abb. 145, 146). Ist dieser in Kopfhöhe, winkelst du ihn wieder an und schwingst dann sofort nach hinten zum Hinterkopf.

Es ist wieder der gleiche Bewegungsablauf wie beim Big Circle! Der linke Arm folgt dem rechten in dieser Bewegung, exakt versetzt auf dem gleichen Weg, und schwingt ebenfalls direkt zum Hinterkopf. Der rechte befindet sich dann schon wieder vor deiner Stirn, da du ja nun im High-Circle schwingst! (Abb. 143 - 148)

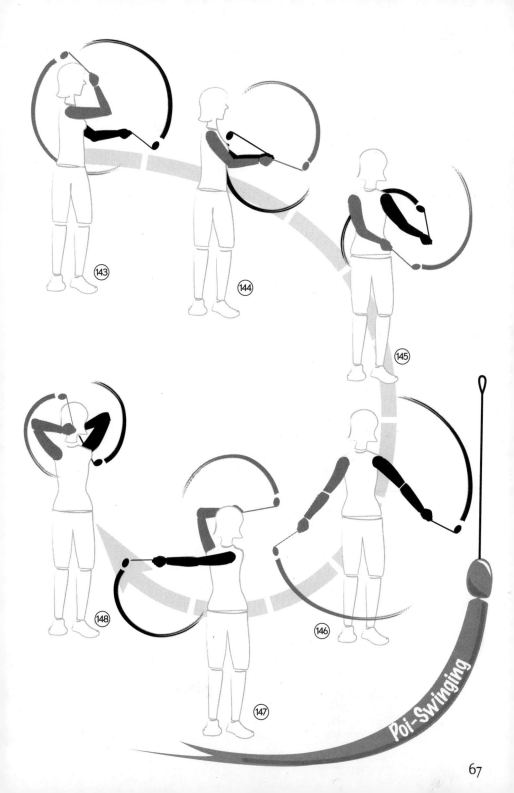

Vom High-Circle zur Lemniskate backwards

Und nun der Übergang vom High-Circle zur Lemniskate backwards.

Du schwingst also den High-Circle und zu dem Zeitpunkt, an dem dein rechter Arm den Poi vor deinem Kopf schwingt, streckst du ihn, genauso wie beim Big-Circle.

Du führst mit dem Arm einen dreiviertel Kreis vor dem Körper aus - möglichst körpernah. Der linke Arm folgt dem rechten genau versetzt. Dreh dich eine Vierteldrehung nach rechts und schwinge direkt den rechten Poi auf der rechten Körperseite in die Figur der Lemniskate backwards hinein. Der linke Poi folgt ihm danach ebenfalls auf die rechte Seite, die linke Hand überkreuzt dann die rechte. Nun schwingst du in der Lemniskate backwards!
(Abb. 149 - 153)

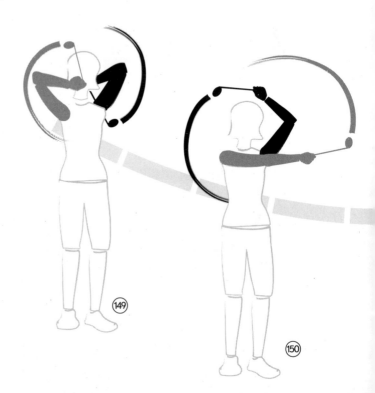

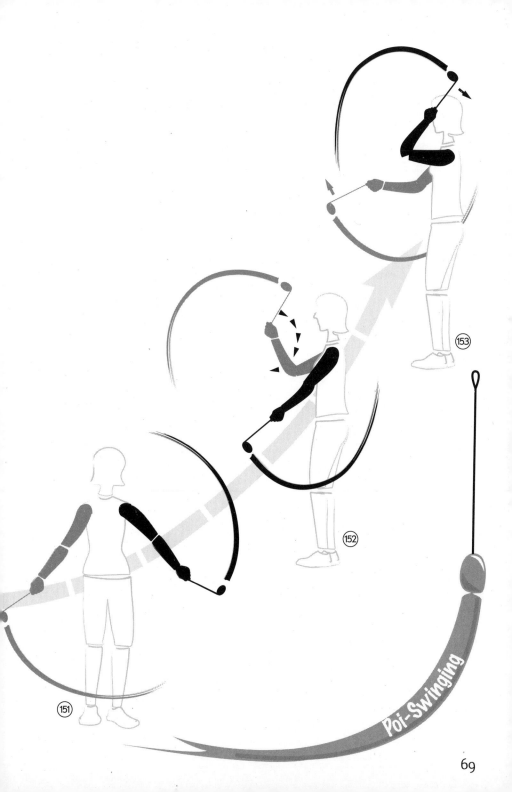

NAMEN DER FIGUREN

International werden manchmal noch andere Namen für die einzelnen Figuren verwendet, diese sind hier noch einmal aufgelistet. So werden z.B. folgende Figuren auch genannt:

Parallel-Swing
oder
Forward Swing

One-By-One-Swing
oder
Split Swinging

Flip-Flap
oder
Low Wave

Butterfly oder The Weave

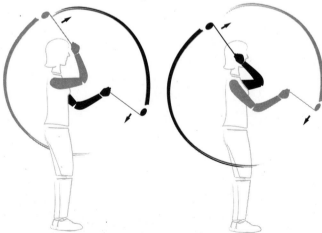

High-Circle
oder
Windmill

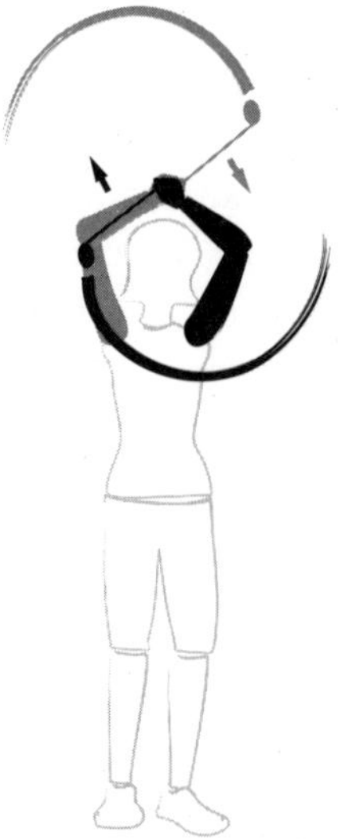

Big-Circle
oder
Giant Windmill

Outwards-Turn
oder
Butterfly

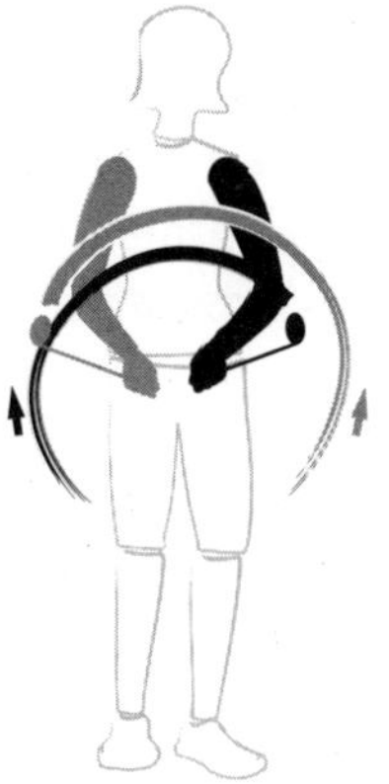

Outwards-Big
oder
Giant Butterfly

Outwards-On-The-Top
oder
Overhead Butterfly

Flow
oder
Corkscrew

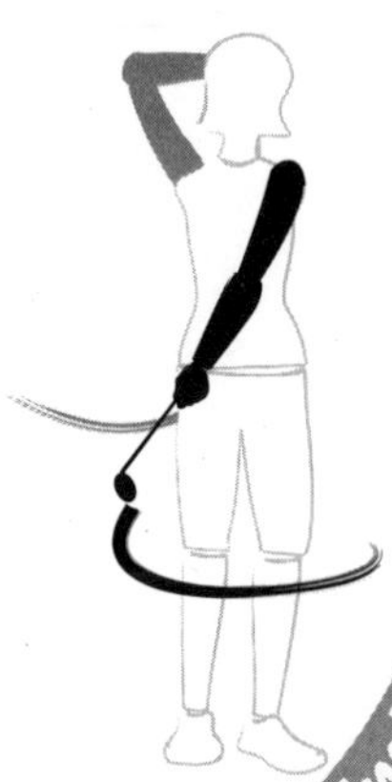

Poi-Swinging

71

SCHLUSSWORT

So, das waren nun eine Menge Bewegungsfolgen des Poi-Dance, die du (hoffentlich!) gelernt hast. Ich hoffe, dass du Spaß an der Sache hattest und hast, und dieses Buch als Anleitung und auch Anregung zu weiteren Ideen gut nutzen konntest. Hast Du noch Fragen oder möchtest Du Informationen zu Workshops, dann schau doch im Internet unter www.flow-motions.net herein.

Im weiteren Verlauf deiner "Poi-Karriere" lass unbedingt der Kreativität freien Lauf. Immer wieder werden sich Ideen und Formen entwickeln... Der Poi-Dance ist eine ganz besondere Art sich zu bewegen, und es ist immer aufs Neue interessant zu beobachten, wie hier jeder seinen eigenen Stil entwickelt. Und genau darauf kommt es an, dass du deinen eigenen Stil findest und tanzt! Vielleicht triffst du auch noch andere Poi-Dancer und kannst Tipps und Erfahrungen austauschen und zusammen tanzen. Hierbei können wunderschöne Formationen entstehen. Und dies ist doch eine der schönsten Seiten des Lebens, nämlich gemeinsam kreativ zu sein, Spaß zu haben, zu lachen und zu tanzen!

In diesem "flowigen" Sinne...

Notizen für eigene Figuren:

...Pois und vieles andere mehr gibt es bei:

PAPPNASE & CO.

Der Spezial-Versender für:
Jonglieren, Artistik, Theaterschminke, Masken,
Schwarzlicht, Aktions- und Bewegungsspiele
und vieles mehr...

Einfach den kostenlosen Katalog anfordern!

PAPPNASE & CO. GMBH
VERSAND & ZENTRALE
VON ESSEN STRASSE 76, 22081 HAMBURG
FON: 040 / 29 81 04-10
FAX: 040 / 29 81 04-20
Email: info@pappnase.de

LADENGESCHÄFTE
Grindelallee 92, 20146 HAMBURG
FON: 040 / 44 97 39

Leipziger Str. 6, 60487 FRANKFURT
FON: 069 / 70 94 93

Kreuzstr. 21, 80331 MÜNCHEN
FON: 089 / 448 17 71

www.pappnase.de